LA
CHERCHEUSE
D'ESPRIT,
OPERA-COMIQUE
De Monsieur FAVART.

NOUVELLE ÉDITION.

A PARIS,

Chez la Veuve ALLOUET, au milieu du Quay
de Gêvres, à la Croix Blanche.

M. DCC. LXIV.

ACTEURS.

Mad. MADRÉ, riche Fermiere.

Mr. SUBTIL, Tabellion.

Mr. NARQUOIS, Sçavant.

NICETTE, fille de Madame Madré.

ALAIN, fils de Monsieur Subtil.

L'ÉVEILLÉ.

FINETTE.

Le Théatre repréſente un Village. La Mai-
ſon de Madame Madré eſt dans le fond.

LA
CHERCHEUSE
D'ESPRIT,
OPERA-COMIQUE.

SCENE PREMIERE.

Mr. SUBTIL, Me. MADRÉ.

Mr. SUBTIL.

AH! je vous rencontre à propos, ma Commere Madré, j'allois vous voir.

Me. MADRÉ.

Par quel hazard, Monsieur Subtil?

Mr. SUBTIL *mystérieusement.*

Je viens vous dire que j'ai dessein de me remarier.

Me. MADRÉ.

De vous remarier? C'est fort bien fait. J'ai envie aussi de me remarier, moi.

Mr. SUBTIL.

Ah, ah! Je suis charmé de cette conformité; cela m'encourage à vous faire la demande.

Me. MADRÉ.

Vous voulez m'épouser? Je vous devine.

Mr. SUBTIL.

Pas tout-à-fait.

Me. MADRÉ.

Comment l'entendez-vous donc?

A

Mr. SUBTIL.

C'est votre fille que je demande en mariage.

Me. MADRE' *étonnée.*

Ma fille ! ma fille Nicette !

Mr. SUBTIL.

Oui , Nicette , votre fille.

Me MADRE'.

Vous badinez ?

Mr. SUBTIL.

Nenni , ma foi.

Air *des Feuillantines.*
Je veux être ton époux.

Me. MADRE'.

Entre nous,
Compere , qu'en feriez-vous ?

Mr. SUBTIL.

Belle demande , Madame ,
J'en ferois. . . . parbleu , j'en ferois ma femme.

Me. MADRE'.

Air. *Je ne vous ai vû qu'un seul petit moment.*
Elle , votre femme !

Mr. SUBTIL.

Oui vraiment.

Me. MADRE'.

Hélas !
C'est une chose qui ne se peut pas.

Mr. SUBTIL.

Air. *Si la jeune Iris a pour moi du mépris.*
Expliquez-vous mieux ;
Je ne suis pas si vieux.

Me. MADRE'.

Qu'importe ?

Mr. SUBTIL.

Mon amour vous exhorte
A me rendre content.

Me. MADRE'.

Nicette est un enfant.

Mr. SUBTIL.

Qu'importe ?
J'en suis enchanté.

Air. *Tes beaux yeux , ma Nicole.*
Sa taille est ravissante ,
Et l'on peut déja voir
Une gorge naissante
Repousser le mouchoir ;

Elle a par excellence ,
Un teint . . . des yeux . . elle a . . .
Elle a son innocence
Qui surpasse cela.

Me. MADRÉ.

Mais ignorez - vous que Nicette est la simplicité
même ?

Mr. SUBTIL.

Tant-mieux , morbleu !

Me. MADRÉ.

Vous auriez-là une jolie statue.

Air. *Que je suis à plaindre en cette débauche.*
Machinalement elle coud , tricote ,
Et jamais ne lâche un mot.

Mr. SUBTIL.

Bon ; tant-mieux , tant-mieux.

Me. MADRÉ.

Mais elle est si sotte . . .

Mr. SUBTIL.

Je risquerai moins d'en être sot.

Me. MADRÉ.

Comment ? un homme d'esprit comme vous ,
Procureur & Notaire Royal , qui pis est , épouser
une Agnés ?

Mr. SUBTIL.

C'est pour la rareté du fait.

Me. MADRÉ.

Vous voulez vous distinguer.

Mr. SUBTIL.

Ma défunte n'avoit que trop d'esprit , de par
tous les diables !

Me. MADRÉ.

C'est singulier , que vous autres gens de pratique , rusés & malins de votre naturel , vous trouviez
toujours des femmes plus rusées & plus malignes
que vous !

Mr. SUBTIL.

C'est pour éviter ce malheur, que je veux épouser Nicette. L'heureuse simplicité !

Me. MADRÉ.

Oui , hom' je nosçais où j'ai péché cette bestiole.

Mr. SUBTIL.

Air. *J'offre ici mon sçavoir-faire.*
Que diriez-vous donc , ma chere,

Que diriez-vous d'Alain mon fils?
Me. MADRÉ.
Moi, je dis qu'Alain vaut son prix.
Mr. SUBTIL.
Est-il un plus sot caractére?
Me. MADRÉ.
Moi, je dis qu'Alin vaut son prix.
Mr. SUBTIL.
De moi ce nigaud ne tient guére.
Me. MADRÉ.
Air. *Je voudrois bien me marier.*
De vous il tient peu, je le croi,
   Ainsi disoit sa mere.
Mr. SUBTIL.
Je ne sçai qu'en faire, ma foi.
Me. MADRÉ
   Si vous vouliez, compere,
Je sçaurois bian qu'en faire, moi,
   Je sçaurois bian qu'en faire.

Tenez, Monsieur le Tabellion, ce garçon-là ne vaut rien pour votre Etude; pardi mettons-le au labour; il y a moyen de s'accommoder troc pour troc; je vous donne Nicette, vous me donnerez Alain.
Mr. SUBTIL.
Quoi! vous voudriez être femme de ce benet-là?
Me. MADRÉ.
Chacun a ses petites raisons, mon Compere; nous ne manquons pas d'esprit vous & moi.
   Air. *C'est fort bien fait à vous.*
      Craignez-vous l'artifice
      Fatal à maint époux?
      Prenez une novice,
      C'est fort bien fait à vous:
      Mais moi que je choisisse,
      Pour engager ma foi,
      Un garçon sans malice,
      C'est fort bien fait à moi.
Allons, déterminez-vous.
Mr. SUBTIL.
Parbleu, Nicette mérite bien que je vous accorde Alain; touchez-là.
Me. MADRÉ.
C'est marché fait.

Mr. SUBTIL.
J'irai tantôt chez vous dreſſer les articles des
Contrats.

Me. MADRÉ.
Et nous ferons nos nôces à l'abri de celles de ma
niéce , qui épouſe aujourd'hui l'Eveillé , comme
vous le ſçavez.

Mr. SUBTIL.
C'eſt bien dit. J'aperçois Nicette ; laiſſez-moi la
preſſentir un peu ſur cette affaire.

Me. MADRÉ , *a part.*
J'ai peur qu'il ne ſe répente ! ...

SCENE II.

NICETTE , Me. MADRÉ , Mr. SUBTIL.

Me. MADRÉ à *Nicette.*

Venez-ça. Comme ça ſe tient ! levez la tête ; ſa-
luez Monſieur , & repondez ſur ce qu'il vous
dira.　(*Nicette ſalue niaiſement.*)

Mr. SUBTIL.
Air. *Si cela eſt , hé bien tant pis.*
　　Aprochez , mon aimable fille :
(*à part.*)
　　Ah ! que je la trouve gentille!
(*à Nicette.*)
　　　　Votre douceur
　　　　Gagne le cœur ,

NICETTE.
　　Le cœur !

Mr. SUBTIL.
Pour vous , Nicette , je ſoupire ;
C'eſt l'effet d'un regard que vous m'avez lancé.

NICETTE.
　　Lancé !

Mr. SUBTIL.
　　Soulagez mon martire ;
Pour jamais l'amour m'a bleſſé ,

NICETTE.
　　Bleſſé !

Me. MADRÉ
　L'entretien me fait rire.

Mr SUBTIL.

De ces yeux fi jolis
Tous les coups font partis.
Je meurs d'amour.

NICETTE.

Hé bien, tant pis.

Me. MADRE', *à Mr. Subtil.*

Vous lui parlez Hébreu. *(à Nicette.)* Nicette, Monfieur le Tabellion fe préfente pour être votre mari.

Mr. SUBTIL.

Oui ma belle enfant.

Air. *L'éclat de mon bonheur.*

Je viens de vous choifir
Pour ma petite femme,
Auriez-vous du plaifir
En m'époufant ?

NICETTE.

Oh dame!

Mr. SUBTIL.

Hé bien ?

Me. MADRE'.

Achevez donc.

NICETTE.

Oh dame!....
Je n'en fçai rien.

Me. MADRE'.

Comment ? eft-ce ainfi qu'on doit répondre ?

NICETTE.

Eh! mais je ne peux pas fçavoir ça, moi.

Me. MADRE.

Il faut faire une révérence, & dire, *Oui, Monfieur.*

Mr. SUBTIL.

Ma chere Nicette, eft-ce que vous auriez de la répugnance pour moi ?

NICETTE *faifant la révérence.*

Oui, Monfieur.

Me. MADRE'.

La petite impertinente !

NICETTE.

Vous m'avez dit de dire comme ça.

Me. MADRE'

Oui, d'abord; mais à préfent il faut dire *non.*

Mr. SUBTIL *à Nicette.*

Je vous demande fi vous me trouvez digne d'être votre mari ?   NI-

NICETTE.

Non, Monf..... Je dis non, ma mere.

Mr. SUBTIL.

Ah ! laiſſez-la parler comme elle voudra ; ſes ré-
ponſes me font voir qu'elle n'entend pas le langage
de. Amans.

Air. *Ces filles ſont ſi ſottes.*
Cela me prouve ſon honneur.

(*à Nicette.*)

Oui, vous avez, mon petit cœur,
Des tréſors que j'admire,
De la vertu, de la pudeur.

Me. MADRE'.

Répondez, petite fille.

NICETTE.

Cela vous plaît à dire,
Monſieur,
Cela vous plaît à dire.

Me. MADRE'

Quels diſcours ! quel eſprit matériel !

Mr. SUBTIL.

Air. *Adieu, voiſine.*
Te ſçaurai bien le déboucher ;
Ah ! l'aimable innocence !
Rien encor n'a pû l'enticher :
Quel plaiſir, qu'en j'y penſe !
Ah ! quel plaiſir de défricher
Son ignorance !

Me. MADRE'

Air. *Dormir c'eſt un tems perdu.*
Son eſprit ne ſortira
Jamais de ſa coſſe ;
Toujours bêtes elle ſera
Aprés comme avant la nôce ;
Moi, je n'ignorois de rien,
Dès ſon âge.....

Mr. SUBTIL.

On ſçait fort bien
Que vous futes précoce.

Vous l'intimidez : (*à Nicette.*) Venez-ça, répondez à votre fantaiſie. Oui, oui, votre mere le veut
bien.

Me. MADRE', *à Nicette.*

Parlez, parlez.

B

Mr. SUBTIL.

Ecoutez-moi.

Air. *Ma femme est femme d'honneur.*
Avec vous je veux m'unir ;
Je me flatte d'obtenir
Votre main, ma chere.

NICETTE.

Ma main ! pour quoi faire ?

Mr. SUBTIL.

Je vais me marier avec vous.

NICETTE.

Marier !

Mr. SUBTIL.

Oui, je vous chérirai avec tendresse, il faut de
son côté qu'une femme ait beaucoup d'amitié pour
son mari : m'aimerez-vous bien.

NICETTE.

Oui, Monsieur.

Mr. SUBTIL.

Elle dit oui, ma commere ; que je suis content !

Air. *Ce qui n'est qu'enflure.*
Sur cet aveu plein d'apas,
Mon bonheur se fonde.

NICETTE.

Quoi ! Monsieur, ne doit-on pas
Aimer tout le monde,
Aimer tout le monde ?

Mr. SUBTIL.

Ce ne seroit pas-là mon compte.

Me. MADRE'

C'en est trop : Je perds patience.

Mr. SUBTIL.

Ne la chagrinez pas, elle est telle que je désire.

Me. MADRE'

Laissez-la donc pour songer au reste.

(*à Nicette.*)

Air. *Pourquoi vous en prendre à moi.*
Allez chercher de l'esprit,
Nigaude, pécore,
Allez chercher de l'esprit.

NICETTE.

Pourquoi me gronder encore ?

Mr. SUBTIL.

Contr'elle qui vous aigrit ?

Me. MADRÉ'

Allez chercher de l'esprit,
Nigaude , pécore,
Allez chercher de l'esprit.

NICETTE.

Mais je ne sçai pas où l'on en trouve.

Me. MADRÉ' *s'en va en hauffant les épaules.*

Hom !   M. SUBTIL *rit.*

Ah , ah , ah. Sans adieu , belle Nicette.

SCENE III.

NICETTE *seule.*

QUe je fuis malheureufe ! Ma mere me dit tous
les jours, allez chercher de l'efprit ; & quand
je demande où il y en a , elle hauffe les épaules , &
fe moque de moi.

> Air. *Quel défefpoir.*
> Quel défefpoir
> D'être fans efprit à mon âge !
> Quel défefpoir !
> Je pleure du matin au foir.
> Il faudra voir
> Si l'on en vend dans le Village.
> Quel défefpoir !
> Je pleure du matin au foir.

(Apercevant Mr. Narquois , qui fe promene en lifant.)

> Je vois un habile homme ,
> Que pour l'efprit on renomme.

SCENE IV.

Mr. NARQUOIS, NICETTE.

NICETTE *continue , en abordant Mr. Narquois.*

MOnfieur , dites-moi comme
Je dois faire pour m'en pourvoir.

Mr. NARQUOIS.

Il faut sçavoir.....

NICETTE.

Daignez, non pas pour grosse somme,
M'en faire avoir,
Si vous en avez le pouvoir.

Mr. NARQUOIS.

Expliquez donc la chose.

NICETTE.

Excusez-moi, si j'ose....

Mr NARQUOIS.

Expliquez donc la chose.

NICETTE.

C'est......

Mr. NARQUOIS.

Elle hésite, elle rougit.

NICETTE.

C'est qu'il s'agit.
C'est que je voudrois une dose.....

Mr. NARQUOIS.

De quoi?

NICETTE.

D'esprit.
Voulez-vous m'en faire crédit?

Mr. NARQUOIS.

Ah, ah.

NICETTE.

On dit com'ça, Monsieur Narquois, que vous
êtes bien sçavant; & que vous avez été obligé de
quitter Paris, parce que vous aviez trop d'esprit?

Mr. NARQUOIS.

C'est la vérité, ma fille.

NICETTE.

Je ne puis donc mieux m'adresser pour en avoir.

Mr. NARQUOIS.

Air. *Je veux garder ma liberté.*
Cela ne s'acquiert qu'à grands frais.

NICETTE.

Ah! Monsieur, quel dommage!
Je n'ai pas de grands moyens; mais,
En attendant davantage,
Prenez mon anneau.

Mr. NARQUOIS.

Gardez ce joyau,
Je n'en puis faire usage.
J'agis sans intérêt, mon enfant; mais de qu .

espéce d'esprit voulez-vous ! car il y en a de plusieurs sortes.

NICETTE.

Dame je veux du meilleur.

Mr. NARQUOIS.

De cet esprit, chef-d'œuvre de l'art, brillanté
par l'imagination, & rectifié par le bon sens !

NICETTE.

Je ne connois pas ces gens-là.

Mr. NARQUOIS.

Air *Confiteor.*

On peut définir cet esprit,
Saillie aimable & raisonnée ;
Ou, comme un de nos Auteurs dit,
C'est la raison assaisonnée.
Mon enfant, vous comprenez bien §

NICETTE.

Comme si vous ne disiez rien.

Mr. NARQUOIS.

L'esprit que vous me demandez est une chose
bien rare !

NICETTE.

Comment avez-vous trouvé le votre ?

Mr. NARQUOIS.

En feuilletant de bons Livres.

NICETTE.

C'est donc pour feuilleter des Livres que ma mere
s'enferme dans le cabinet de Monsieur le Bailli !

Mr. NARQUOIS.

Cela peut être.

NICETTE.

Prêtez-moi celui que vous tenez.

Mr. NARQUOIS.

Pourquoi faire !

NICETTE.

Pour le feuilleter, afin de trouver tout d'un coup
de l'esprit comme vous.

Mr. NARQUOIS.

Ah, ah, l'esprit ne se trouve pas si promptement.
Le mien est le fruit d'une longue étude, j'ai com-
mencé par les Humanités.

NICETTE.

Je suis déja fort humaine.

Mr. NARQUOIS.

Ensuite, j'ai étudié la Rhétorique, la Philoso-
phie, le Droit.

NICETTE.

Et ma mere, a-t-elle aussi étudié tout cela ?

Mr. NARQUOIS.

Non vraiment.

NICETTE.

Air. *Suivons l'amour, c'est lui qui nous méne.*
Oh bien, tenez, c'est trop de mystere,
Monsieur Narquois, donnez-moi plutôt
Du même esprit dont se sert ma mere ;
Car c'est, je crois, de celui qu'il me faut.

Mr. NARQUOIS.

C'est-à-dire, que vous demandez de l'esprit naturel.

NICETTE.

Naturel, soit.

Mr. NARQUOIS.

Oh, oh, celui-là est un présent de la nature que
l'éducation ne sçauroit donner.

NICETTE.

Comment ?

Mr. NARQUOIS.

Air. *O riguingué o lou lan la.*
On peut fort bien le cultiver ;
Mais non pas en faire trouver.

NICETTE.

Vous voulez me faire endéver

Mr. NARQUOIS.

Ma fille, en cette conjoncture,
L'art ne peut rien sans la nature..

NICETTE.

Est-ce que vous n'avez pas de cet esprit-là, vous ?

Mr. NARQUOIS

J'en ai ; mais....

NICETTE.

Mais vous ne voulez pas m'en donner, c'est bien
vilain.

Air. *Tu n'as pas le pouvoir.*
En vous j'ai mis tout mon espoir,
Mr. NARQUOIS.
J'aurois beau le vouloir   *bis.*
Hélas! malgré tout mon sçavoir,
Je n'ai pas ce pouvoir.   *bis.*

NICETTE.

Il me quitte. Je ne connois rien de plus chiche
que ce vieillard-là.

SCENE V.

L'ÉVEILLÉ, NICETTE.

L'EVEILLÉ.

Air *L'agaçante. Je vous aime Céliméne.*

Finette avec moi s'engage,
  Ma personne l'attendrit.
Je l'enpaumons par mon langage :
Morgué, vivent les gens d'esprit.
    La fortune me rit ;
J'époufons la parle du Village.
    La fortune me rit ;
Morgué vivent les gens d'esprit.

NICETTE.

Ah! vous en avez? Donnez-m'en , Monsieur
l'Eveillé.

L'EVEILLÉ.

Air. *Viens, ma Bergere, viens feulette, o lon lan la lan derira.*
    Que voulez-vous de moi , Nicette?
      O lon lan la lan derira.
    Tatigué qu'alle est joliette,
    O lon lan la landelirette,
    Que d'agrémens elle a déja.

NICETTE.

Air. *Vous en venez , vous en venez.*
    L'esprit seroit mieux mon affaire ;
    J'en demande mon nécessaire.

L'EVEILLÉ.

    Oh! puisque vous en désirez,
    Vous en aurez, Vous en aurez ;
    Je prévois bian que vous en aurez,
      Que vous en aurez,

NICETTE.

Voyez ce vilain Monſieur Narquois, il m'a dit com'ça, que ça ne ſe pouvoit pas.

L'EVEILLÉ.

Bon, bon! V'la encore un biau olibrius; il n'a de l'eſprit qu'en latin, j'en avons en François.

> Air. *Le tout par nature.*
> Oh quant à l'égard de ça,
> De reſte j'en avon là.
> Comme moi Finette en a,
> Et bian-tôt, je vous jure,
> Comme à nous il vous en viandra;
> Le tout par nature.

NICETTE.

Et ça ne peut-il pas ſe donner?

L'EVEILLÉ.

Oui, vraiment.

> Air. *Tout cela m'eſt indifférent.*
> En voici la comparaiſon:
> Lorſque l'on greffe un ſauvageon,
> La ſéve, par cet ſtratagême,
> Se communique & fait profit....
> Il en eſt ainſi tout de même,
> On peut ſe bailler de l'eſprit.

NICETTE.

Et ne pourriez-vous m'en faire avoir dès-à-préſent?

L'EVEILLÉ.

Moi? Eh mais....... Tartiguoi! Alle eſt bien drolette!

> Air. *Oh ricandaine, oh ricandon.*
> Et pourquoi non, mon biau tendron,
> Oh ricandaine, oh ricandon;
> Quoique j'ayons l'air un peu rond,
>   J'en ſçavons long.
> Avec ce petit bec mignon,
> Votre recharche, mon trognon,
>   N'eſt pas vaine.
> Le joli minois que voilà!
> Pour vous il me parle déja.
>
>   (*Il rit.*)
> Ah, ah, ah, ah, ah, ah, ah!

Ça

Ça puisque l'esprit est sur jeu,
Par la jarni, je sens bien que…
Oui, je vous en baillerai,
O ricandaine,
Je vous en donnerai,
O ricandé.

NICETTE.

Air. *Donnez, Amant, mais donnez bien.*
Vaudeville du Magnifique.

Vos bontés me rendent confuse.
Me ferez-vous de tels présens
A moi qui n'ai que quatorze ans.

L'EVEILLE'.

Jamais l'esprit ne se refuse…
Laissez faire, je vous donnerai tout ce que j'en ai.

NICETTE.

Air. *Non je ne veux pas rire.*

(à part.)

Me donner tout l'esprit qu'il a !
Vaux-je la peine de cela?

L'EVEILLE'.

Oui ma petite reine,
Vous en valez bien la peine ;
Vous en valez bien la peine,
Oui-da,
Vous en valez bien la peine.

NICETTE.

Air *Allons la voir à St. Cloud.*

D'un pareil bienfait, hélas !
Je serai reconnoissante.
Sur-tout ne me trompez pas,
Car je suis bien innocente.

L'EVEILLE'

Pargué j'en serois bian fâché.

NICETTE.

Il faut me faire bon marché ;
Car je ne suis pas riche.

L'EVEILLE'.

Et moi je ne suis pas chiche.
Je suis un garçon fort sarviable, fort charitable,
je ne demandons que vot' amiquié.

NICETTE.

C'est trop juste.

C

L'EVEILLE'.

Air *Vaudeville du retour de Fontainebleau.*
Gardez-vous fur cet entretien ,
De jafer avec Finette.
Allez, je vous inftruitons bien ;
Ça, commençons, belle Nicette.

SCENE VI.

L'EVEILLE', FINETTE, NICETTE.

FINETTE *retirant l'Eveillé.*

AH gué gué gué gué comme il y va ,
La la la la la la la la la la la la la la la.

L'EVEILLE'.

Me vlà pris comme un Renard.

NICETTE.

Pardi, ma Coufine Finette, vous êtes bian infup-
portable de venir nous interrompre comme ça mal-
à-propos.

FINETTE.

Oui-da !
Air. *L'autre jour Colin d'un air badin.*

(*à part.*)

Avec ce tendron ,
Vous vouliez donc
Ici me faire niche ?
L'EVEILLE'.
Qu'apréhendez-vous ?
FINETTE.
Craignez mon courroux.
L'EVEILLE'.
Queu tranfport jaloux !
Je ne lui fais pas les yeux doux.
FINETTE.
De compter fleurette
Vous n'êtes pas chiche ;
Laiffez-là Nicette ,
Tôt que l'on déniche ,
Pour cette poulette
L'Eveillé me triche ,
Tout prêt d'être mon mari ;
Fi.

L'EVEILLÉ

Air. *Tourloutirette tironfa.*

Ecoutez-moi, belle brunette,
Et calmez ce brufque dépit.

(*Il rit.*)

FINETTE.

Je crois encore qu'il en rit.

L'EVEILLÉ.

C'eft... c'eft... c'eft que Nicetre
Charche par-tout de l'efprit....
Queu mal fait-on quand on l'inftruit ?

NICETTE.

Air. *Tarare pompon.*

M'empêcher d'en avoir vous n'êtes guére bonne.
Mais il m'en donnera
Pour cette bague-là.

FINETTE.

Doucement, ma mignone,
Je lui défens.

NICETTE.

Pourquoi ?

FINETTE.

Oh l'Eveillé n'en donne
Qu'à moi.

NICETTE.

Eh mais, vous en avez tant ?

FINETTE.

On en fçauroit trop avoir.

NICETTE.

Laiffez-la dire, Monfieur l'Eveillé. Donnez-
m'en toujours.

L'EVEILLÉ.

Air. *C'eft la chofe impoffible.*

Oh Finette ne le veut pas.

NICETTE.

Franchement cela me chagrine.
Que dois-je faire en pareil cas ?
Ayons recours à ma coufine.
Je compte fur vous pour cela ;
Donnez-m'en donc.

L'EVEILLÉ.

Qu'alle eft rifible !
C'eft la la la la la la la la la
C'eft la chofe impoffible,

FINETTE.

Allez, l'Eveillé se mocque de vous, ça ne se donne point, ça vient tout seul.

NICETTE.

Et quand ça vient-il donc?

FINETTE.

Dame, ça vient..... ça vient quand ça vient; queu question elle fait-là?

NICETTE.

Air. Ah ah! venez-y toutes les belles jeunes filles moudre.
Ne puis-je sçavoir comme
Cet esprit me viendra?

L'EVEILLÉ.
Ce sera
Lors qu'auprés d'un jeune homme,
Le petit cœur fera
Ti ta ti ta ti ra ta.
Et que vous sentirez naître
Un desir preffant de connoître
Ce qui cause ça.

NICETTE.

Je n'y entends rien.

L'EVEILLE'.

C'est que vous ne sçavez pas ce que c'est que l'esprit.

NICETTE.

Qu'est-ce que c'est donc?

L'EVEILLE'.

L'esprit, c'est..... c'est une belle chose!

NICETTE.

Hé bien?

L'EVEILLE'.

Ça sart biaucoup aux filles.

NICETTE.

Hé bien?

L'EVEILLE'.

C'est......

FINETTE.

Oh c'est, c'est..... qu'alle aille aprendre d'Alain ce que c'est.   L'LVELLE'.

Pargué, ça doit faire un bel atelage!

Air. *Ah que Colin l'autre jour me fit rire.*
Qu'il vous en donne, Alain en est le maître.
NICETTE.
Alain, Alain, cela pourroit-il être?
On dit, hélas!
Qu'il n'en a pas.
L'EVEILLÉ & FINETTE; (*en s'en allant.*)
Ah ah ah ah ah ah ah ah ah ah.

SCENE VII.

NICETTE *seule.*

Air. *Il faut que je file, file.*

Tout le monde m'abandonne,
    Ça me fait sécher sur pié.
Ne trouverai-je personne,
Pour moi de bonne amitié,
qui m'en donne, donne, donne,
Qui m'en donne, par pitié?
Air. *Au bout, au bout, au bout du monde.*
Ne perdons pas encore courage,
Informons-nous dans le Village;
Je ferai tant que j'en aurai.
    Quêtons à la ronde,
    S'il le faut, j'irai
Au bout, au bout, au bout du monde.
Air. *Rosignolet du verd bocage.*
Je mettrai fin, par cette emplette,
    A mon chagrin.

SCENE VIII.

NICETTE, ALAIN.

ALAIN.

Suite de l'Air *précédent.*

Vous voilà donc! Bon jour, Nicette.
NICETTE.
Bon jour, Alain.

ALAIN (*rit niaisement.*)

He, he, he, he,

NICETTE.

Qu'avez-vous a rire ?

ALAIN.

He, he, j'en ai envie toutes les fois que je vous rencontre.

NICETTE.

Est-ce que j'ai la mine risible ?

    Air. *Philis cherchant son amant.*
    Tout chacun se moque de moi.
       ALAIN.
    Ce n'est pas pour ça, jarniguoi,
    Dam', tenez, je ne sçai pourquoi ;
    Je ris d'aise, à ce que je croi,
       Quand je vous voi.

Est-ce que vous n'êtes pas itout bien aise de me voir, vous ?

NICETTE.

Oui, Alain.

ALAIN.

Stapendant vous avez l'air triste.

NICETTE.

C'est que je suis fachée.

       ALAIN.
    Air. *Tu n'a pas ce qu'il me faudroit.*
    Hé bien ! Qu'est-ce qui vous chagréne ?
       NICETTE.
    Ah ! Je n'ai point d'esprit, Alain.
       ALAIN.
    Quoi ! c'est ça qui vous met en peine ?
    Non plus que vous je n'en ai brin ;
    Je n'en eus jamais, & j'ignore
    A quoi l'esprit me serviroit.
    Je puis sans ça bian vivre encore.
       NICETTE.
    Oh ! Moi, je sens bien qu'il m'en faudroit.
    Air. *Ton humeur est Catherine.*
    C'est, dit-on, chose fort belle,
    Aux filles ça sert biaucoup.
       ALAIN.
    Où cette drogue croit'elle ?
       NICETTE.
    Ça se trouve tout d'un coup.

ALAIN.

Là-dessus je voudrois m'instruire.

NICETTE.

Un pareil désir me tient.
Tout ce que je puis vous dire,
C'est que ça vient, quand ça vient.

Sans ma coufine, l'Eveillé m'auroit peut-être donné de l'efprit.

ALAIN.

Je fis fâché de n'en point avoir, je vous en ferois préfent.

NICETTE.

Je ne fçai, j'aimerois mieux vous avoir ftobligation-là qu'à d'autres.

ALAIN.

Je ne demandrois qu'à vous faire plaifir.

NICETTE.

Je voudrois bien vous faire plaifir auffi.

ALAIN.

Je ne fçai pas comme ça fe fait, vous me revenez mieux que toutes les filles du Village.

NICETTE.

Et vous, vous me plaifez mieux que Robin, mon Mouton.

ALAIN.

Tatiguoi ! fans fçavoir c'en que c'eft que l'efprit, vous me donnez envie d'en avoir.

NICETTE.

Air. *Chacun dans notre Village vit content.*
Cherchons en enfemble ;
Quand nous en aurons,
Nous partagerons

ALAIN.

Vous avez raifon, ce me femble.
J'en trouverons mieux,
Quand nous ferons deux.

NICETTE.

Si j'en trouve par hazard, en mon particulier, je vous en ferai part auffi-tôt.

Air. *Une vielle d'argent lirette.*
Tout à la bonne franquette,
Se partagera.
La part fera bien-tôt faite,

Dès qu'il m'en viendra.
Tout sera pour vous, Nicette,
Tout pour vous sera.

Je n'en veux avoir que pour vous.

NICETTE.

C'est bian honnête ; mais il faut que ça soi commun. Allons en chercher au plutôt.

ALAIN.

Par où faut-il aller ?

NICETTE.

Je n'en sais rien.

ALAIN.

Attendez……

(Air. Un jour le bon pere Abraham prêchoit avec instance.

On trouve de tout à Paris
On en vend là sans doute :
Ne vous embarrassez pas du prix,
J'en aurons, quoi qu'il coûte.
Ensemble, allons-y de ce pas,
Eh ! Que sçait-on ? Peut-être, hélas ;
J'en trouverons en route.

NICETTE.

Partons, c'est bien dit.

————————————————

SCENE IX.

Me. MADRE', NICETTE, ALAIN.

Me. MADRE'.

Air. Je ne lui donne pas, mais je lui laisse prendre.

ALain, où voulez-vous aller

Avec cette innocente ?
Demeurez, je dois vous parler,

(*à Nicette.*)

Et vous impertinente,
Pourquoi lui donnez-vous le bras ,

D'un petit air si tendre ?

NICETTE.

NICETTE.
Jen'lui jen'lui donne pas ;
Mais je lui laisse prendre.
Me. MADRÉ
Air. N'oubliez pas votre boulette, Lisette.
Ne les laissons point seuls ensemble,
Je tremble
Qu'ils n'y prennent plaisir.
Pouvez-vous de la sorte agir,
Sans rougir, petite pécore.
NICETTE.
Excusez-moi, maman, j'ignore
Encore,
Lorsque l'on doit rougir.
Me. MADRÉ
Allez, petite fille, allez mettre un fichu.
NICETTE.
Je n'ai pas froid, ma mere.
Me. MADRÉ.
Allez, vous dis-je, & que je ne sache pas que
vous parliez davantage avec Alain ; entendez-vous ?
Que je ne sache pas ça.
NICETTE.

Non, ma mere.
Elle sort en regardant Alain à plusieurs reprises.
Alain la regarde aller.

SCENE X.

Me. MADRÉ, ALAIN.

Me. MADRÉ.

A Quoi vous amusez-vous Alain, avec une mor-
veuse ? Vous ne dites mot. Un garçon d'esprit
répondroit quelque chose.
ALAIN. *d'un ton chagrin.*
Oh ! je n'ai pas d'esprit, moi.
Me. MADRÉ
Hé bien, je vous en ferai avoir.
ALAIN. *d'un air joyeux.*
Tout de bon ?

Me. MADRÉ'

Oui.

ALAIN.

Oh, oh ! tanmieux. Que je vous ferai bien obligé !

Air. *Je ne sçais pas écrire.*
Vandeville des Billets doux.

Jamais mon pere ne m'apprit
Comme il faut avoir de l'efprit.
Me. MADRÉ.
J'en ferai mon affaire.
Je vous inftruirai dès ce jour ,
L'efprit vient en faifant l'amour.
ALAIN.
Je ne fçais pas le faire.
Me. MADRÉ.

C'eft encore ce que je veux vous montrer. L'efprit ne fe façonne que par le commerce du biau
fefque.

ALAIN.

Montrez , montrez-moi ça.
Me. MADRÉ.

Faut premierement que vous choififfiez une amoureufe.

ALAIN.

Qu'eft-ce que c'eft ça , une amoureufe ?
Me. MADRÉ.

Air. *On n'aime point dans nos Forêts.*

Une Belle qu'on aime bien :
Suppofons que ce foit moi-même.
ALAIN *d'un air riant.*
Oh , tenez , ne fuppofons rien ;
C'eft déja fait.
Me. MADRÉ' *à part.*
C'eft moi qu'il aime.
ALAIN.
Je viens de choifir à l'inftant.
Me. MADRÉ' *à part.*
Ah ! qu'il me rend le cœur content !
C'eft cet aveu que je demandois.
ALAIN.
Hé bien, ftamoureufe, comme vous dites ;

Me. MADRÉ.

Air. *Que je regrette mon amant.*
Il faut l'aborder joliment ;
Et d'une maniere galante
On lui fait un doux compliment.

ALAIN.

Fort bien.

Me. MADRÉ.
Après on lui présente,
D'un air coquet,
Un bouquet
De muguet,
Ou d'œillet,
Qu'on lui met
A son corcet.

ALAIN,
Allez, allez, cela vaut fait.
Mais qu'est-ce que c'est que faire un compliment !

Me. MADRÉ.
Par exemple, c'est recomparer sa Belle aux fleurs, au biau jour ; enfin, à ce qu'on trouve de plus agriable.

ALAIN.
Bon ; revenons à s'amoureuse.

Me. MADRÉ.

Air. *Quand la Bérgere vient des champs tout dandinant.*
Ensuite on lui baise la main,
D'un air badin,
Mon cher Alain,
Quelquefois même plus malin,
Zeste, on l'embrasse,
Avec audace.

ALAIN,
Le tour est fin.
Et l'esprit ?

Me. MADRÉ.
L'esprit alors commence à venir. (*en lui donnant font bouquet.*) Eprouvons si vous aurez bien retenu tout ce que je vous ai dit. Vlà mon bouquet.

ALAIN *prend le bouquet, & le met à son côté.*
Donnez.

Me. MADRÉ.

Air. *Est-ce que ça se demande ?*

Il n'entend pas.

ALAIN.

J'entens fort bien.
Toute la manigance.

Me. MADRÉ.

Oui, mais voyez s'il en fait rien.

ALAIN.

Baillez-vous patience.

Me. MADRÉ.

Répétez donc
Votre leçon.

ALAIN.

Oh ! ce n'est pas la peine,
Alain tantôt
Sera moins sot,
De ça soyez certaine.

Me. MADRÉ. *à part,*

On lui a dit apparemment que je dois l'épouser :
(*à Alain*) Vous sçavez donc......

ALAIN.

Hé, oui, oui, je sçavons...... Suffit.

Me. MADRÉ.

A propos vous êtes de la nôce de Finette ; je vous
choisis pour mon meneux, & je vais acheter des
rubans pour vous, comme ça se pratique.

ALAIN.

Bon, bon : (*à part,*) Je donnerai tout à Nicette.

Me. MADRÉ.

Suivez-moi.

ALAIN *bas à Nicette qui paroît.*

Oh ! oh ! attendez-moi là, mon Amoureuse.

SCENE XI.

NICETTE *avec des fleurs dans ses cheveux, &*
un fichu mis à l'envers.

MA mere emmene Alain. Pourquoi ne veut-elle
pas que je lui parle ? Depuis cette défense-là
j'ai toutes les envies du monde de me trouver avec

lui. Il me vient mille chofes dans la tête. D'où vient donc que je foupire ? Revenons un peu fur tout ça.

SCENE XII.

NICETTE, L'ÉVEILLÉ, FINETTE.

L'EVEILLE.

QUeu délice , Finette ! dans une heure , je ferons mari & femme.

Air. Diverfité flatte le goût.
Tu ne feras plus le dragon ,
Belle Brunette , fi ma bouche
Vole un baifer fur ton menton ,
Ou fur ton petit bec mignon.
(*Il veut embraffer Finette , elle le repouffe.*)

FINETTE.

Tout doux !

L'EVEILLE'

Quelle mouche
Te pique donc !
Tu fais la mirouche
Hors de faifon ;
Mais je touche ,
Biauté farouche ,
Au moment d'en avoir raifon.

FINETTE.

Nous verrons ça , patience.

L'EVEILLE'.

Tatigué , qu'alle a l'œil fripon !
Alle animeroit une fouche ;
Auprès d'alle , jarnicoton ,
J'ai de l'efprit comme un démon.

NICETTE *fortant de fa rêverie.*

On parle d'efprit. Écoutons.

FINETTE.

Pour moi , j'en ons û dès que je t'ai vû , & bien fin à préfent qui m'attraperoit.

L'EVEILLE'.

Te fouviant-il de la premiere fois que je te rencontris ?

FINETTE.

Oh, que oui.

NICETTE.

Je vais sçavoir comment l'esprit leux est venu.

L'EVEILLÉ.

Air. Et la Belle trouva bon.

Me promenant à l'écart
Un jour au fond d'un bocage,
Je t'avise, par hazard,
A l'abri d'un épais feuillage ;
Tu dormois tranquillement.

FINETTE.

O vraiment, j'en faisois semblant,

NICETTE.

Fort bien.

L'EVEILLÉ.

Même Air.

Que ton air étoit charmant !
J'admire d'une cachette,
J'aproche enfin doucement,
Et je baise ta main blanchette ;
Tu t'eveille en te fâchant.

FINETTE.

Oh vraiment, j'en faisois semblant.

Mais pendant que tu rappelle le passé, tu ne songes pas au présent.

L'EVEILLÉ.

Tu as morgué raison. Apréte-toi, j'allons venir te chercher pour nous marier.

NICETTE.

Vlà-t'il pas qu'elle l'empêche encore d'en dire davantage ?

SCENE XIII.

FINETTE, NICETTE.

FINETTE.

Air. Toujours va qui danse.

LEs soins, les soucis, l'embarras
Sont les fruits du mariage ;
On a des enfans sur les bras.

Il faut faire un ménage ;
Mais de toutes ces peines-là
Un époux récompense.
Ta la la la la la la la,
Et toujours va qui danse.

NICETTE *appelle Finette, comme elle est prête d'entrer*
dans la maison.

Ma cousine ! ma cousine ! (*à part.*) Il faut que je
l'éloigne de chez nous, Alin va venir me trouver.

FINETTE.

Qu'est-ce que c'est ?

NICETTE.

(*à part vivement.*) Elle en instruiroit ma mere :
(*haut niaisement.*) Monsieur le Tabellion m'a dit de
vous dire comme ça, qu'ous alliez cheux lui toute
à l'heure, toute à l'heure.

FINETTE.

Est-ce qu'il y auroit queuque anicroche à mon
mariage ? Voyons ça.

SCENE XIV.

NICETTE *seule.*

J'Aperçois Alain ; je vais lui dire tout ce que j'ai
entendu. Mais commençons par essayer les sem-
blans de ma cousine.
(*Elle se met sur le gazon, & fait semblant de dormir.*)

SCENE XV.

ALAIN, NICETTE.

ALAIN.

Air. *Je sommeille.*

HOlà, belle Nicette, hola.
Où donc êtes-vous ? La voilà
Qui sommeille
Avec ces rubans ornons là ;
Mais prenons garde que cela
Ne la reveille.

Même Air.
Mardi, le tour feroit malin;
Mais je crains trop.…,.
NICETTE.
Alain, Alain,
Je sommeille.
ALAIN.
J'en ai beaucoup à vous conter;
Ça, ça, ça, que pour m'écouter
On se reveille.
Même Air.
Elle dort, aprochons tout doux.…
Je n'oserois, retirons-nous.
NICETTE.
Je sommeille.
ALAIN.
Nicette, c'est assez dormi,
C'est la voix d'Alain, votre ami,
Qui vous reveille.
NICETTE *se leve, & présente la main à Alain.*

Allons, baise moi la main, afin que je fasse semblant de me fâcher. Je sçais comme vient l'esprit.
ALAIN.

Oh, je le sçai bien itout. Allez, l'esprit vient de l'amour.   NICETTE.

De l'amour !

ALAIN.

J'allons vous expliquer ça: Quand on a choisi une amoureuse, c'est-à-dire, qu'euqu'un qu'on aime bien, on li fait un compliment, & pis encore on li donne des fleurs.

NICETTE.

C'est drôle !

ALAIN.

Air. *La fille du Village,* ou *Attendez-moi sous l'orme.*
On prend la main encore.
NICETTE,
Ensuite que fait-on §
ALAIN.
Puis on la baise encore.
NICETTE.
L'esprit ainsi vient donc §
ALAIN.
Puis on embrasse.

NICETTE

NICETTE.

Encore !

ALAIN.

Oh ! l'on n'y manque point,
Et d'encore en encore
L'esprit vient à son point.

J'allons en faire l'expérience. Allons. Prenez que vous via. Vous allez voir, vous allez voir.

(*Il va au fond du Théâtre, & revient le bouquet à la main & le chapeau sous le bras, en disant.*)

D'une magniere galante, *il fait la révérence, & dit,*) le compliment à fleure. Mademoiselle Nicette, vous êtes belle..... belle.... comme...comme vous-même. Je ne sçai, modri, rien de plus biau à quoi vous recomparer (*d'un ton plus familier.*) L'esprit viant-il ?

NICETTE.

Non Mais j'ai bonne espérance, ça me rend joyeuse.

ALAIN.

Air. de l'amour je fubis les loix.
Recevez donc ce biau bouquet.

NICETTE.

Très-volontiers.

ALAIN.

Il faut, Nicette,
Que je l'attache à ce corcet.

NICETTE.

Très-volontiers.

ALAIN *après avoir attaché le bouquet.*
L'affaire est faite,
Prenons & baifons cette main.
(*Il baife la main de Nicette.*

NICETTE *émue.*
Alain..... Alain....... mon cœur palpite.

ALAIN.
Le mien galope auffi train.

NICETTE.
Cher Alain,
Quel fujet nous agite !
Air. Dieux ! quel moment !
C'eft de l'esprit affurément,
Qui nous vient brufquement.

ALAIN
Je penfons tout de même

Eprouvons encore ça. (*Il lui baise encore la main.*)
Je sens en ce moment......
Ah! quel moment!

NICETTE.

Un trouble extrême.

ENSEMBLE.

C'est de l'esprit assurément.

ALAIN.

Je n'aurons que faire d'aller à Paris pour en chercher. Mais ce n'est pas le tout.

NICETTE.

Je m'en doute bien; car il me semble que l'esprit
ne commence qu'à me venir, & c'est si peu....

ALAIN.

Oh! il y a encore l'embrassement.

NICETTE.

Ah Ciel! J'entens tousser Monsieur le Tabellion.
Le vlà. Cachez-vous derriere moi.

SCENE XVI.

NICETTE, ALAIN, Mr. SUBTIL.

Mr. SUBTIL.

BElle Nicette, je viens pour dresser les articles
de mon mariage avec vous. Mais vous me pa-
roissez émue.

NICETTE *en serrant la main d'Alain qui est caché
derriere elle.*

C'est que je suis à côté de ce qui me fait plaisir.

Mr. SUBTIL.

Je lui fais plaisir! L'aimable enfant! Que cette
ingénuité a des charmes!

NICETTE *d'un ton niais, affecté.*

Rendez-moi un service, Monsieur Subtil; la nôce
de ma cousine se fait cheux nous; je n'ai pas achevé d'y
ranger; si ma mere venoit, elle gronderoit. Allez au-
devant d'elle pour l'amuser, elle est allée par-là-bas.

Air. *Va-t'en voir s'ils viennent, Jean.*

Empêchez-là que d'ici
Elle ne s'aproche;
L'Eveillé, Finette aussi,
Je crains leur reproche;
Ces causeurs avec maman
De moi s'entretiennent.

Mr. SUBTIL.
Rassurez-vous, belle Nicette, je vais faire le guet.
(*en s'en allant*) Qu'il est doux de garder ce qu'on aime.

SCENE XVII.

NICETTE, ALAIN.

NICETTE *acheve l'Air ci-dessus vîtement.*

V A-t'en voir s'il viennent, Jean,
   Va-t'en voir s'ils viennent.

ALAIN.

Qu'est-ce que c'est que son mariage avec vous ?

NICETTE.

Il dit qu'il sera mon mari, je ne sçai pas ce que ça
signifie ; mais il faut que le mariage soit bian joli,
puisque l'Eveillé & ma cousine sont si aises de se
marier. ALAIN.

   Air. *Vîte à Catin un verre.*
  Oh, ne vous en déplaise,
    Je serois, tatiguoi,
  Fâché que vous soyez bien aise
  Avec un autre qu'avec moi.
   NICETTE *avec sentiment,*

Je sens bien aussi que je ne pourrois être bien aise
sans vous. Puisque c'est ainsi, marions-nous nous deux.
ALAIN.

Bon, comme ça.

NICETTE.

Comment ferons-nous? Faut-il prendre conseil
de l'esprit ? ALAIN.
   Air. *Pour voir un peu comme ça fera.*
  C'est raisonner fort prudemment,
  Il reglera notre conduite.
  J'en étions à l'embrassement ;
  De ma leçon c'est une suite.
  Belle Nicette, éprouvons-la
  Pour voir un peu comme ça fera.
   (*L'Eveillé qu'on ne voit point, chante.*)
  Air. *Quel plaisir d'être avec vous.*
    Quel plaisir
    Vian me saisir !
  Voici le moment qui va nous unir.
   ALAIN *avec dépit.*

Peste soit de l'importun !

NICETTE.

C'eſt l'Eveillé, cachez-vous dans not' maiſon,
je vais bien vîte le renvoyer.

SCENE XVIII.
L'EVEILLÉ, NICETTE.
L'EVEILLÉ.

Repriſe de l'Air ci-deſſus.

Qu'il m'eſt doux de t'obtenir !
    Ma brunette,
    Joliette.
    Quel plaiſir
    Vian me ſaiſir !
    Celle que j'aime,
    Qui m'aime de même,
    Va remplir
    Tout mon déſir,
Voici le moment qui va nous unir !

Nicette, vor' couſine eſt-elle prête ? Je venons
la chercher.

NICETTE.

Oh vraiment, elle eſt fâchée que vous l'ayez fait
trop attendre. Elle eſt ſortie

L'EVEILLÉ.

Queu conte ! Eh, où eſt-elle allée ?

NICETTE.

A d'am'.....écoutez. (*elle parle bas à l'Eveillé.*)

SCENE XIX.
Me. MADRÉ, L'EVEILLÉ, NICETTE.

Me. MADRÉ à Mr. Subtil qu'elle fait entrer dans la
maiſon, pendant que Nicette parle à l'Eveillé.

Entrez toujours, Monſieur Subtil ; je vais vous
envoyer Alain & Nicette.

NICETTE à l'Eveillé.

Ne dites pas que je vous l'ai dit, au moins.

L'EVEILLÉ.

Non, non, Gramerci (*en s'en allant.*)
    Fin de l'Air ci-deſſus.
    Quel plaiſir
    Vian me ſaiſir.

Voici le moment qui va nous unir.
NICETTE apercevant sa mere.
Ah, vlà bien autre chose !

SCENE XX.
Me. MADRE', NICETTE.
Me. MADRE'.

QUe faites-vous ici, petite fille ? Ah, ah, vlà un fichu plaisament mis.

NICETTE.
Dame, je suis simple.

Me. MADRE'
Pourquoi ces fleurs dans vos cheveux ? Vlà qu'est nouveau : je ne prétens pas qu'ous vous ajustiais comme ça ; quand vous serez mariée à la bonne heure, on ne trouvera plus à redire à vos actions.

Air. Baise moi donc, me disoit Blaise.
A votre gré vous pourrez faire.

NICETTE.
Hé bien, hé bien ; mariez moi, ma mere,
Que ce soit plutôt que plus tard :
Car, tenez, j'ai tant de bêtise,
Que je pourrois bien, par mégard,
Faire encore quelque sotise.

Me. MADRE'.
Vot' mariage va se tarminer tout-à-l'heure Vot' mari futur est cheux nous.

NICETTE *vivement.*
Est-ce que vous le sçavez ?

Me. MADRE'.
Et, vraiment oui.

NICETTE.
Vous l'avez donc vû entrer ?

Me. MADRE'.
Eh oui, vous dis-je. Qu'elle est bête !

NICETTE.
Et vous me permettez que je me marie avec lui, non avec d'autres ?   Me. MADRE'.

Oui, oui, esprit bouché, je le permets, je le veux, je l'ordonne, & vous serez ensemble dès demain.

NICETTE.
Que je suis contente !

Me. MADRE'.

Quel empreſſement ! où court'elle ?

NICETTE.

Alain , Alain.

Me. MADRE', *voyant ſortir Alain avec Mr. Subtil.*

Que vois-je !

SCENE XXI. & *derniere.*

Mr. SUBTIL, ALAIN, Me. MADRE', NICETTE,
L'EVEILLÉ, FINETTE.

Mr. SUBTIL.

NE puis-je ſçavoir, Alain, pourquoi je vous
trouve chez Madame Madré ?

FINETTE à *Mr. Subtil.*

Ah ! vous vlà Monſieur le Tabellion. J'ai couru
tout le Village pour vous trouver. On dit que vous
avez à me parler.

Mr. SUBTIL.

Qui vous a dit cela ?

FINETTE.

C'eſt Nicette.

L'EVEILLE' à *Finette.*

Pardi, Mademoiſelle Finette, eſt-ce que nous
jouons aux barres ? Queu caprice vous prend d'être
fâchée contre moi ?

FINETTE

Qui vous a dit cela ?

L'EVEILLÉ.

C'eſt Nicette.

Me. MADRE'.

Alain, qu'eſt-ce qui vous a fait entrer cheux nous ?

ALAIN.

Hé, hé , hé, c'eſt Nicette.

Me. MADRE'.

C'eſt Nicette, c'eſt Nicette. Expliquez-nous ça,
morveuſe.   NICETTE.

Dam', ma mere, vous ſçavez bien que vous m'a-
vez dit com' ça : petite fille , que je ne ſçache pas
qu'ous parliez avec Alain.

Me. MADRE'.

Hé bien, eſt-ce ainſi que vous m'obéïſſez ?

NICETTE.

Vraiment oui. Afin que vous ne le sçachiez pas,
ni personne, j'ai envoyé Finette d'un coté, l'Eveillé
de l'autre, Monsieur Subtil a bien voulu avoir la
bonté de faire le guet, & j'ai fait cacher Alain cheux
nous.   L'EVEILLÉ.

Pargué en vlà d'une bonne !

Mr. SUBTIL.

Quelle innocente !

FINETTE *rit.*

Ah, ah, ah !   Me. MADRÉ.

Il est bien question de rire ?

NICETTE *vivement.*

Air. *Loin que le travail m'épouvante.*
A présent je ne dois plus feindre,
De vous je n'ai plus rien à craindre,
Alain m'épousera demain.
Au plaisir mon ame se livre,
Si je n'avois mon cher Alain,
Je crois que je ne pourrois vivre.

L'EVEILLÉ

Comme elle en dégoise !

FINETTE.

Qu'est-ce qui diroit ça ?

Me. MADRÉ *à Nicette.*

Queu galimathias me faites-vous ? Vous me pa-
roissez bien alerte.

NICETTE.

C'est qu'Alain ma donné de l'esprit ; vous ne me
gronderez plus de n'en point avoir.

ALAIN.

Oh vraiment, je lui ai donné bien autre chose.
Voyez, voyez, je lui ai donné encore votre bouquet
& vos rubans ; c'est mon amoureuse, j'ai bien retenu tout ce que vous avez dit.

Air *Chacun à son tour, liron, lirette.*
Bon effet ça vient de produire,
Gramerci, Madame Madré,
Vous avez bien voulu m'instruire,
Morgué je vous en sçai bon gré.
J'instruisons votre fille Nicette,
Je li montre à faire l'amour,
Chacun à son tour,

Lison, lirette,
Chacun à son tour.

Mr. SUBTIL.

Que dites-vous à cela, Madame Madré?

Me. MADRÉ.

Vous-même Monsieur Subtil?

Mr. SUBTIL.

Je dis que je cherchois une Agnès, & que je n'en trouve plus. Ils sont plus fins que nous, puisqu'ils nous ont attrapés; ainsi mon avis est qu'on les marie ensemble, pour arrêter les progrès de l'esprit

Me. MADRÉ.

Air. Ne vous laissez jamais charmer.

Vous penseriez à les unir;
Connoissent-ils le mariage?

ALAIN.

L'Esprit commence à nous venir,
J'en trouverons bientôt l'usage.

Me. MADRÉ.

Je ne m'attendois pas à ce qui nous arrive!

Mr. SUBTIL.

Ni moi. Puisqu'il m'est impossible de trouver ce que je désirois, je vous épouserai, si bon vous semble, Madame Madré.

Me. MADRÉ.

Je voulois épouser un nigaud; mais..... c'est la même chose, je vous prends, laissons-les ensemble.

FINETTE *à Nicette*.

Je vous félicite, cousine.

Air. Non je ne serai pas ce qu'on veut que je fasse.

De vous voir de l'esprit, je suis fort satisfaite.
Alain, le sot Alain, a dégourdi Nicette.

L'ÉVEILLÉ.

Morgué, c'est à bon droit que le proverbe dit:
Vivent, vivent les sots pour donner de l'esprit.

Vlà les violons qui viennent nous rejoindre: parguenne, en l'honneur de ça, dansons un petit branle, en attendant que tout not' monde soit rassemblé.

FIN.

VAUDEVILLE.
DE LA
CHERCHEUSE D'ESPRIT.

NICETTE.

Partout l'Esprit est à la mode,
J'en cherchois, & j'en ai trouvé;
S'il est sans Art & sans Méthode,
C'est qu'il n'est pas fort éprouvé:
Mais s'il étoit aisé, commode,
Il seroit bientôt approuvé.

ALAIN.

Sans l'Esprit la Beauté nous tente;
L'Esprit sans la Beauté séduit;
L'Ame la plus indifférente,
Céde à l'Objet qui les unit:
Mais j'aime mieux mon ignorante,
Qu'une femme d'un grand Esprit.

FINETTE.

Chaque Esprit a bien son usage;
L'Esprit fin est un séducteur;
L'Esprit sçavant a pour partage
Souvent moins de bien que d'honneur;
L'Esprit brillant fait grand tapage,
Mais l'Esprit doux va droit au Cœur.

L'EVEILLÉ.

D'Esprit je n'ai pas fait emplette;
Le mien n'est point entortillé;
Je profite du tête-à-tête,
Quand je devrais être étrillé:
Car, pour croquer une fillette,
Il faut un Amant éveillé.

Mr. SUBTIL.

En Amour que sert la Science,
L'Esprit, l'adresse, le babil?
On est dupe de l'ignorance,
Malgré l'Esprit le plus subtil:
Hélas, j'en fais l'expérience
Avec un tendron bien gentil.

F

Me. MADRÉ.

L'Esprit se pert bien avant l'âge,
Le mien est usé pour le coup;
Je croyois faire un mariage,
Dont je me promettois beaucoup;
Mais je n'ai qu'un vieux en partage,
N'est-ce pas là manquer son coup?

Parterre toujours redoutable,
Souverain Juge de l'Esprit,
Que nous vous trouverions aimable,
Si vous nous mettiez en crédit!
Daignez nous être favorable,
Applaudissez .... cela suffit.

FINETTE.

Rarement l'Esprit se donne,
Si la premiere leçon,
N'est d'Amour de la façon;
Dès qu'une fille raisonne,
Elle sent rougir son cœur;
Elle en rougit & frissonne;
Mais l'Amour en est vainqueur,
Et voilà dans les familles,
Comme l'Esprit,
Comme l'Esprit;
Revient aux filles,

NICETTE.

Assise sur la verdure,
Je vis venir mon Alain,
Tenant un Bouquet en main,
Dont j'admirais la parure;
Il le mit dans mon Corcet,
Et crainte d'égratigneure,
Il détacha mon Lacet;
Et voilà &c.

L'EVEILLÉ

N'est il point quelqu'ignorante,
Qui veuille apprendre de moi:
Je lui jure sur ma foi,
De la rendre aussi sçavante
Qu'aucune qui soit ici;
Mais où trouver d'ignorante,
Il n'en est plus aujourd'hui;
Et voilà &c.

DE TABELLION.

Angelique avec sa Tante,
Sûrement profitera :
Fréquemment elle lira,
Sa plume sera sçavante ;
En danse elle brillera ;
Dès à préfent elle chante,
Sur le ton de l'Opéra.
Et voilà &c.

Me. MADRE'

Trop équitable Parterre,
De nos nouvelles Chanfons ;
Si vous agréez les fons ;
En vain l'on nous fait la guerre ;
Que vos aplaudiffemens,
Partent comme le Tonnerre ;
Et fi vous fortez contens,
Publiez dans vos familles,
Comme l'efprit,
Comme l'efprit,
Vient aux filles.

ALAIN.

Nicette retient en cage,
La Fauvette & le Moineau,
Et ne voit rien de fi beau :
Que la paix de ce ménage ;
Comme elle a part au gâteau ;
Efpére-t'elle en mariage ;
D'avoir un pareil Oifeau ;
Et voilà &c.

NICETTE.

Ne confervons plus de trifteffe ;
L'efprit trouvé doit la bannir.
Il eft tems que notre erreur ceffe,
Au moment qu'on va nous unir.
Le cœur infpire la tendreffe,
L'Efprit apprend à s'en fervir.

ALAIN.

Nicette, vous voilà contente,
Je ne le fuis pas moins que vous :
Vous ceffez donc d'être ignorante,
Ah ! pour rendre mon fort plus doux,
Ne paroiffez jamais fçavante.
A tout autre qu'à votre Époux.

FINETTE.

Maint Esprit nous est inutile,
Nous n'en trouvons qu'un de charmant ;
Ce n'est point cet esprit habile,
Ni cet autre vif & brillant ;
Mais c'est un esprit plus docile
Qui satisfait le mieux l'Amant.

L'EVEILLÉ.

J'ai reçu le meilleur partage,
Un esprit du goût d'à-présent :
Eveillé, fait au badinage,
Il plaît, non pas également ;
La fille le trouve fort sage,
La mere trop entreprenant.

Mr. SUBTIL.

Esprit subtil, votre science
Ne garantit point votre cœur :
Vous aimez avec violence,
Mais on se rit de votre ardeur ;
Une Agnés sans expérience
Trompe en amour un grand Docteur.

Me MADRE'.

Pouvions-nous former l'espérance
D'Inspirer encor de l'amour ?
Hélas ! fatale confiance,
Non, ce n'étoit plus notre tour,
Et nous rentrons dans l'ignorance
Dont ils vont sortir en ce jour.

NICETTE, *au Parterre*.

Notre erreur, indulgent Parterre,
Sembloit amuser vos loisirs :
Mais si par un effet contraire
Notre esprit nuit à nos désirs ;
Nous sacrifions, pour vous plaire,
Et notre esprit & nos plaisirs.

NICETTE.

Je sentois qu'à mon âge,
C'étoit un vrai dommage
De n'avoir point d'Esprit.
J'en cherchois, & j'en ai trouvé ;
Mon cher Alain m'en a donné :
Vraiment, on en doit faire usage
Alain, Alain a de l'esprit ;
Un je ne sçais quoi me le dit.

F I N.

www.ingramcontent.com/pod-product-compliance
Lightning Source LLC
LaVergne TN
LVHW021046050726
842519LV00003B/1022